Inhaltsverzeichnis

nachspuren,
schreiben, malen

erkennen

hören

AF156032

lesen

Feld zum Markieren erledigter Aufgaben

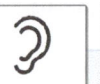

1

2

A   E   I   O   U

Sch

J

G

B

D

W

S

L

M

1

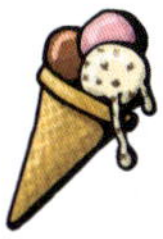

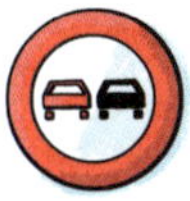

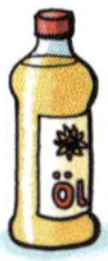

Au Eu Ei Ä Ö Ü

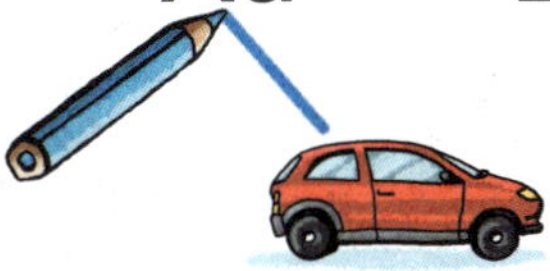

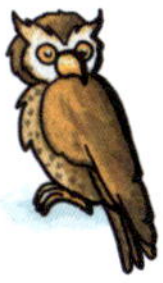

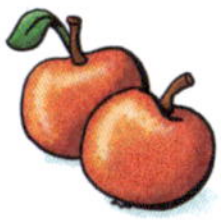

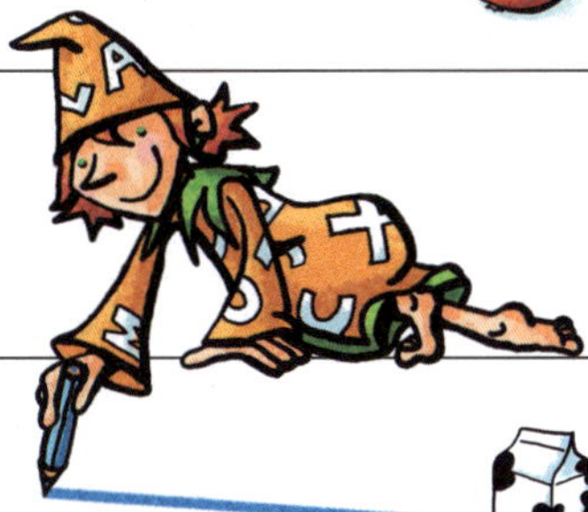

2

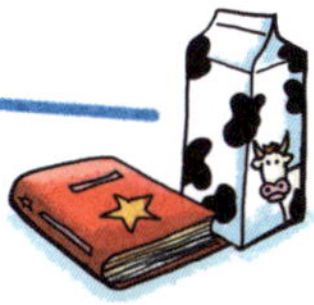

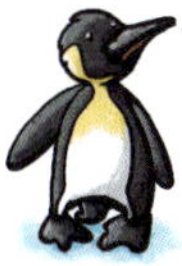

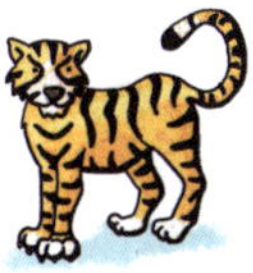

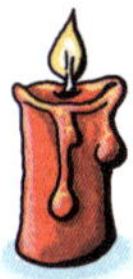

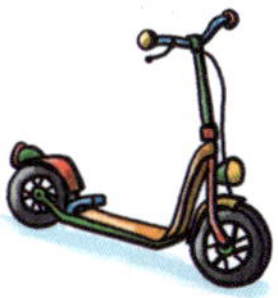

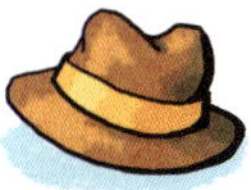

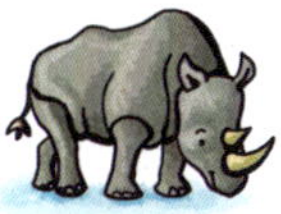

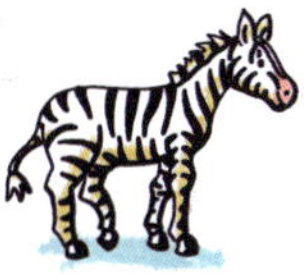

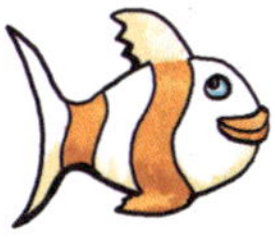

ch
R
K
P
T
F
Z
H
N

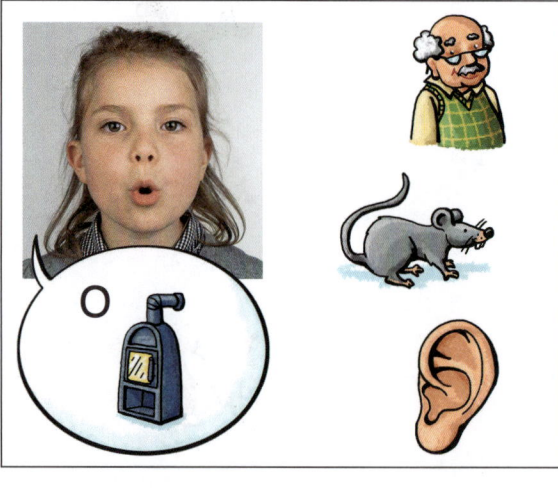

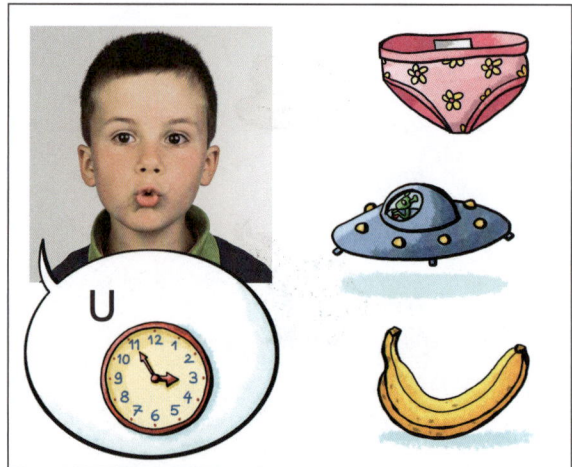

1

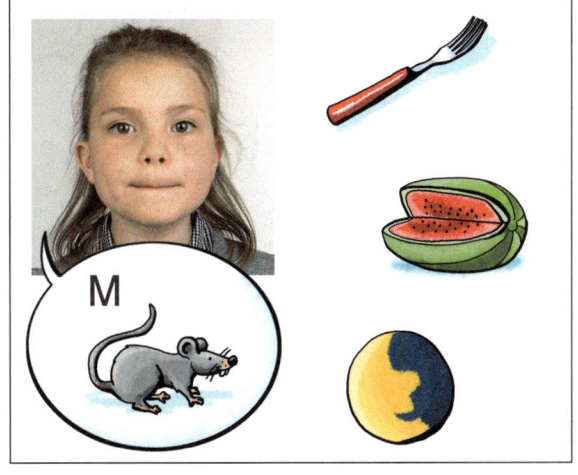

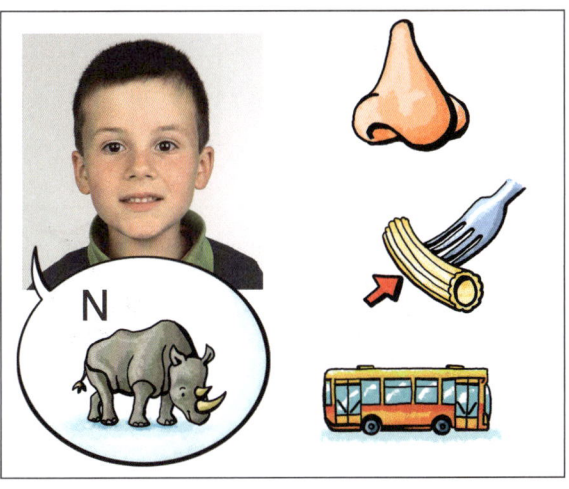

1

L   S

8 mit Hilfe der Schreibtabelle Anlaute finden und notieren

1

Ä

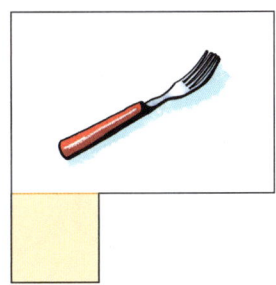

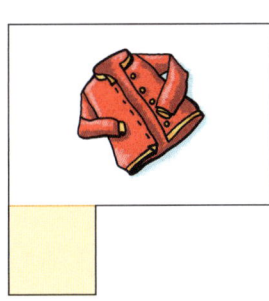

2

Eu

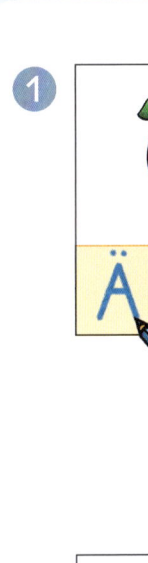

1

  **L O L A**  *Lola*

_____

_____

_____

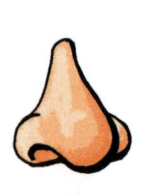 
_____

_____

1

M A M A

Mama

2

Sch

mit Hilfe der Schreibtabelle jedem Anlautbild einen Buchstaben zuordnen, Wort schreiben;
Wort lesen und mit Bild verbinden **11**

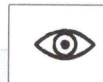  

1

2

mit Hilfe der Schreibtabelle jedem Anlautbild einen Buchstaben zuordnen, Wort schreiben; Wort lesen und mit Bild verbinden

①

LOLA

Wörter in Laute zerlegen und schreiben: Für jeden Laut einen Punkt notieren;
für jeden Laut mit Hilfe der Schreibtabelle einen Buchstaben schreiben

1

WOLKE

2

Sch

SCHWERT _____

selbst ausgewählte Wörter verschriften

Nikolaus

1

Sch_____ _____ _____

2

WAS IST IN DEINEM 🥾 ?

1

_____   _____   _____

2

Mein Wunschzettel

_____

_____

_____

_____

_____

_____

aufschreiben, was in den Geschenken sein könnte;
eigene Wünsche notieren (und malen)

1

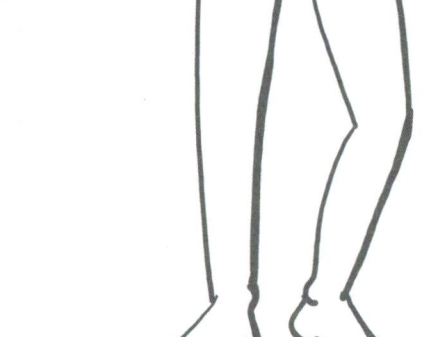

1

falten    malen 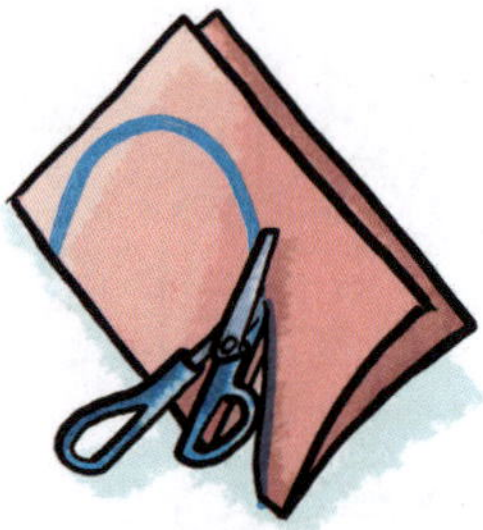   schneiden 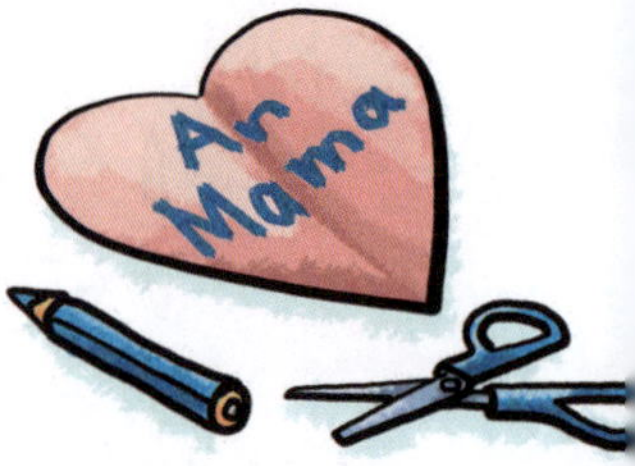   schreiben

①

Titel

Autor

Bild

② Ich mag das Buch, weil

1

Wem willst du schreiben?

Name

Straße

Ort

Land